JN437361

반백 년
첫발

반백 년 첫발

초판 1쇄 인쇄 2012년 10월 15일
초판 1쇄 발행 2012년 10월 20일

지은이 | 백태명
펴낸이 | 金泰奉
펴낸곳 | 도서출판 띠앗
등 록 | 제4-414호

편 집 | 박창서, 김주영, 김수정, 이혜정
마케팅 | 김영길, 김명준
홍 보 | 김태일

주 소 | (우143-200) 서울시 광진구 구의동 243-22
전 화 | (02)454-0492(代)
팩 스 | (02)454-0493
이메일 ddiat@ddiat.co.kr
홈페이지 www.ddiat.co.kr

ISBN 978-89-5854-092-2 (03810)

*잘못 만들어진 책은 구입하신 서점에서 친절하게 바꿔드립니다.

반백 년
첫발

백태명 지음

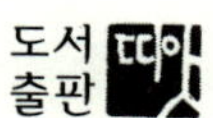

백태명님의 시집을 읽고

조동일

쉬운 말로 이어지는 정겨운 詩
엄동설한을 겪고도 아직 살아 있어
童心이 天心이고 詩心이라는 불멸의 진리를
이 혼탁한 시대에도 알뜰하게 간직하고
봄 향기, 가을바람처럼 다가와
찌들고 쭈그러져 갈아 앉는 마음을
고요히 흔들며 일깨워줍니다.

차례

1부 반백 년 첫발

2부 다음 시

3부 노래하리라

1부

반백 년 첫발

봄비

가벼운 발걸음
빗소리도 밝아라
나뭇가지 가지마다
방울방울 물방울 꽃
쏟아질
봄꽃 세상
맛보기로 펼치시네

- 02.27

학교 가는 길

물오리 매끈매끈
갯버들 반짝반짝
등 가방 까딱까딱
발걸음 사뿐사뿐
봄 오는 강변 따라
학교 가는 길
물가에 백로 휘익-
앞길을 긋고
징검다리 돌돌돌
손뼉 치며 맞아주네

- 03.19

태화강 갯버들

이사 나간 자리처럼 휑하던 강변에
갯버들 물이 올라 하루하루 푸르더니
어느새 단장한 새 집 마냥 덩그렇게 찼구나

- 04.18

참깨 청년

굵고 흰 참깨 꽃 흐드러진 밭에서
너는 왔단다
갖가지 나물들이 어우러진 비빔밥에
"톡!" 참기름 한 방울
꿈쩍 않는 돌문 앞에서 외치는
"열려라, 참깨!"
환한 웃음 꽃 펼쳐지는 초록 세상
통통하고 탱탱한
참깨가 되어라

- 04.18

• 풋풋한 열일곱, 큰아이 생일을 축하하며

숲 속 봄비

봄비가 토토톡 발걸음 재촉해
뿌리와 새순은 엄마 마중 소리에
키도 쑥쑥 눈빛도 반짝반짝

타타타 내리는 따스한 봄비에
엄마가 꼭꼭 밥을 씹어 먹이듯
낙엽 품에 젖을 빠는 아기 청설모

톡톡 숲 속 봄비 톡톡
나뭇잎에 한 번 우산에 한 번
가슴에 또 한 번 톡톡톡 봄비

- 04.29

오월 어느 날

장미꽃 우쭐대며 꿈꾸는 봄날
언덕 비알 메꽃은 나팔을 불고
토끼풀꽃 정답게 방석을 깔았다
애기똥풀꽃 구석구석 귀여운 보조개
물가에 노란꽃창포 바위를 거느리고
곧게 서서 말을 건네는 키 큰 지칭구
흰 아카시아 조롱조롱 산천을 밝히면
때죽나무꽃 향기에 온 산이 푸근하다

- 05.15

단비

태화강 강가에 물억새 부들 들
지난번 홍수에 뻘물을 뒤집어쓰고
씻어줄 사람 없어 발을 동동 굴렀지
오늘 아침 단비가 구석구석 온몸에
까닥까닥 굳은 해금 불려서 떨어내고
점점 굵고 세찬 비가 머리를 때리는데
떨림이 발끝까지 묵직묵직 전해져
십 년 묵은 체증이 뻥 뚫리는구나
예전엔 미처 몰랐노라
빗소리가 이다지도 명랑한 줄을

- 05.23

질경이

모르고 꾹 겨드랑이 살이 밟히면
너무 아파 아프다 소리도 못 지르지
장작더미 위에서 쓸개를 빨았다는
기껏 제 원수 갚을 요량 월왕 구천
왕래 잦은 길가에 거처를 마련하고
밟히고 밟혀서 단단해지는 질경이
꽃피는 시절에 나는 이 길을 간다

- 05.23

묵은지

묵은지 깊은 맛을
정작 묵은지는 잘 몰라
생김치가 상에 오르자
제까치[1]들이 몰려든다
얼떨떨한 생김치는
깊은 곳에서 올라오는
그윽한 묵은지 향취에
첫날밤부터 묵은지 꿈을 꾼다

- 05.26

---

1. 제까치: 젓가락을 경상도 밀양에서 사투리로 '제까치'라 한다.

밤새

"캬악"
여름비 부설대는 늦은 밤
허공에 유리창을 깨고
훨훨
밤새가 날아간다

- 05.26

때죽나무꽃

땅에는 개구리 울음소리 흐르고, 하늘에는 은하수 물결치는 여름 밤. 뒷집 언니는 반딧불처럼 반짝반짝 눈을 깜빡이며, 큰 거랑 바위 뒤에서 몸을 씻고 짚수세미로 납작한 돌빡을 박박 문질러 닦아, 뒤안간 대나무 밭 깊은 곳에 아무도 몰래 판판하게 놓으며, 별똥별 떨어져라 별똥별 떨어져라 몇 번 빌고 절하고 물러나, 새벽 일찍 조마조마 떨리는 가슴 안고 가만히 가보면, 고소하고 말랑말랑하고 달콤한 별똥별 몇 개가 떨어져 있어, 언니는 벌써 여러 번 맛보았다고 입에서 화-하는 향내를 뿜으면 나는 고인 침을 꼴깍 삼켰지. 비 그친 오늘 아침 키 큰 때죽나무 아래 하얀 별똥별 많이도 쏟아져 있구나. 언니야!

- 05.27

• 최명환 선생님께 칭찬받은 시

태화강 시인

태화강 징검다리 물소리처럼
돌돌돌 흐르는 태화강 식구들
태화강 갯버들
태화강 물억새
태화강 연어
태화강 황어
태화강 마름
태화강 어리연꽃
태화강 왜가리
태화강 백로
하늘을 비질하는
태화강 십리대밭
읊어야 할 사연들 이리도 많은데
시인이 모자라면 어찌 하리요
뜨거운 여름날
태화강을 뒤집는
꿈틀꿈틀 황룡처럼
태화강가 시인들
흘러넘쳐라

– 06.13

대숲에서

저 죽순 더디 자라
찬찬히 여물어
어떤 바람 몰아쳐도
설렁설렁 흔들릴 뿐
꼬장꼬장 시인의
처진 어깨 펴주고
땅에 박힌 눈길 들어
하늘을 쏘게 하고
넌짓 눈짓으로
붓대 감 점지하여
놀라운 태몽에
석 달 열흘 떨다가
오늘 오른 저 죽순
왠지 오랜 구면이라
될성부른 나무인가
세상 울릴 붓대인가
함초롬 영롱 이슬
온몸에 젖은 아침
시인의 대밭 순례

날마다 힘찬 걸음
오늘도 시인은
대숲에서 산후조리

- 06.14

밤꽃향기 흐르네

인동초 꽃향기 사뿐사뿐 지나간 길
뚜벅뚜벅 황소걸음 밤꽃향기 흐르네
뜨거운 낮과 밤이 크게 한판 물결치면
벼 사름에 아기 밤송이 볼록
배 사과는 이미 성큼 한 걸음을 뛸 판

- 06.14

문수산 연리목

우리는 날 때부터 한 뼘 안에서
아침저녁 밤낮으로 바라보았지
바라보고 바라보다 향기에 취해
내 몸을 당신 몸에 부비고 부벼
드디어 우리는 한 몸이 되었지
두 나무 한 몸으로 한 하늘 아래
비구름 안개이슬 눈바람 함께
새벽에 새 소리 저녁에 달빛
연인들 찾아와 서로 사랑 나누고
실연한 남녀들 내게 기대 우네
울어라, 짐승처럼 늙어가지 말고
걸어라, 우리와 하늘을 우러르며
당신께만 가만 가만 일러주리니
우리가 걷기에 구름이 흐른다네

- 06.19

꽃치자꽃 바라보고

꽃치자꽃 밤새 이슬로 몸 씻고
향 맑은 얼굴로 나를 보고 웃네
“어제 밤 밤새 어떤 시를 읊었던가?
잠깐 짬을 내어 나도 한 번 읊어주지.”
“해가 떠서 이렇게 중천에 오르는데
돌아갈 줄 모르고 청을 넣는 너는
어느 별에서 날아온 게으른 한량인가?”
“시 좋고 술 좋아
이 별 저 별 떠돌며 노래하고 춤추지
멀리서 걸어오는 시인의 발소리
동동동 내 가슴 울려 놓길래
누군가 했더니 자네였던가
내 잠시 꽃치자꽃 몸을 받아서
바람과 이슬과 햇볕으로 기운 차려
한 석 달 열흘 여기서 머물며
마음속 향기를 다 뿜어주고
너한테서 빛나는 시 받아가겠네.”
“지독한 시 마귀가 내 몸에 붙어서
떨어질 줄 모르고 시를 자아내니

덮어두고 버리자니 아깝고 안타까워
아무나 붙잡고 펼쳐 보인 지 오래
관심 주고 읽는 이 드문 요즈음
어느 별에서 떨어진 너는
내가 찾던 귀한 분인가
석 달 열흘 짧은 만남 눈 깜짝할 새겠지만
꾹꾹 눌린 내 속을 청량한 시로 뽑아
너 밝은 얼굴에 화답하리라."

- 06.21

죽순

여름비는 어미닭
죽순은 알 속 병아리
여름비가 톡톡 알 껍질을 두드리면
죽순이 송곳처럼 고개 내밀고
두리번 두리번 둘레를 살피다가
엄마가 누구인지 알고 나서는
한 참에 엄마만큼 쑥 커버린다

- 05.23

할미꽃 개미

등이 동그만 할미꽃 개미
백화점 그늘에 뿌리를 내리고
빛바랜 안성맞춤 유모차를 밀면서
골목을 누비며 박스를 물어온다
힘센 넝마주이들이 사라진 자리를
기어이 누군가가 채워야 하리
낮은 자리로 쓸리는 낙엽아
등이 동그만 할미꽃 개미

- 07.08

호박덩굴손

산발치 호박밭에 호박덩굴손
비 갠 이른 아침 찌는 더위에
대지를 가르는 건각들처럼
무대를 궁구르는 춤꾼들처럼
하늘을 찌르는 시원한 울대
바람을 부르는 힘찬 팔 사위
팽팽히 솟구친 날랜 발길질
이른 아침 덩굴손 장쾌한 기지개에
속절없이 흔들리는
산 한 자락 하늘 한 귀퉁이

- 07.13

연리지(連理枝)

조롱조롱 알 매달아 견뎌 버틴 비바람
은행나무 암그루론 목탁을 깎지 않아

안팎일로 힘겨워 코 골며 자던 아내
한쪽 다리 내 다리 위에 척 걸친다

가까이 선 두 나무가 마치 한 가지인 양
살며 보듬어야 할 아픔도 마찬가지로

– 새해

낙엽

나 고향 간다
발바닥과 어깨에 짐을
잠시 내려놓고
나 고향 간다

가을 소슬바람에 옷자락을 날리며
금의환향 콧노래를 부르며
황룡열차를 잡아타고
아, 저 바람에 쓸리는
귀성인파를 보게나
나 고향 간다
내년 봄 살랑바람
물이 오를 때
돌아오마

자네, 고향이 어디라고 했지?
낮은 곳, 꺼진 곳, 처진 곳
외진 곳, 갈라진 틈
썩어 새싹 돋는 곳

– 11.12

처진 대 세우기

올여름 폭우 셋 태화강이 넘실넘실
삼호 섬 대숲에 대나무들 어질어질
부실한 대 하나 꼬꾸라져 처졌길래
질긴 노끈 가져와 뽀돗이 밀어올려
곁에 두 나무랑 칭칭 동여매는데
깜고 작은 대숲 모기 장마에도 목이 말라
통통한 내 종아리에 관정을 박으니
물은커녕 용암이 옹차게 터지는구나
제주돈 듯 울릉돈 듯 독돈 듯
눈 깜짝할 새 열아홉 섬 울긋불긋 도드라져
남해안 다도해를 여기 옮겨 놓았네
어이구, 고얀 놈들
모기가 달리
모기랴
제 집 대들보 세워준 치레를 모질게 하는구나

- 07.24

산사태

그 무딘 우면산牛眠山이 미끄러져
사나운 태풍에도 끄떡없는 돌비석이
꼼지락꼼지락 두더지 집짓기에 걸려들면
쿵 하고 자빠지지
꼼지락꼼지락 아니 쏠지 않는 쥐 등쌀에
그 무딘 우면산도 주르륵 흘러내렸다
황소 뒷걸음질에 밟힌 쥐를 위로하랴
잠자던 소마저 온몸 던져 외치는
오늘 여기 우리

\- 07.30

아주까리 옹달샘

비 갠 이른 아침 온 세상이 하하하
상큼하게 머리 감아 눈부신 아주까리
일곱 손가락 손바닥 안에 옹달샘 동동동
고추잠자리 올 때까지 하늘이 찰방찰방

- 08.02

호박잎에 듣는 빗소리

비 맞으며 걸으면
사뿐사뿐 가벼운 발걸음
어느새 우리 님과 발맞추어 걷는다

비를 맞고 걸으면
나는 님을 위해 울고
님은 나를 위해 운다

호박잎에 듣는 빗소리
둥둥둥 울리고 울려
우리 님 소식을 온 세상에 전한다

– 08.06

산길을 가다가

멀리 비오는 공동묘지에
차일遮日이며 흰옷들이 어른어른
세상 소풍 마치고 돌아가는 길이구나
비까지 치랴, 두고 갈 사연이여

세찬 비에 앞길이 흐릿해도
청설모 솔방울 쏠아 산길이 어지럽고
한 번씩 훅 바뀌는 바람결에
어느 골 꽃향기인가 숨길이 아찔하다

- 08.08

아기 새와 어미 새

뒷동산 언덕배기 밭 뙈기를 일구어
들깨 참깨 콩 고추 고구마 두어 줄
방울토마토도 병풍삼아 한 줄 둘렀네
동글동글 빨간 알 알알이 오롱조롱
제때 따지 않아 물캐지고 떨어지네
이른 아침 어미와 아기 새 포롱포롱
토마토 줄기 받친 댓가지에 날아와
앉으며 폴짝 뛰며 포로롱 자리 바꾸어
떨어진 토마토 한 알 어미가 물어 오니
아기가 뺏어 우물우물 너무 커 다듬어주려
어미가 뺏어 제 입에서 요리 조리 다듬는데
아기가 뺏어 또 아직 너무 커 다시 뺏어 다듬는데
아기가 뺏어 또 아직 커 뺏어 오물조물 다듬는데
아기가 뺏어 입에서 입으로 뺏고 뺏기를 잠도록 하다가[1]
단물 다 빠진 짜부룩한 껍질이 아기 입에서 톡 떨어져
"아이, 아까워."
둘이서 폴짝 날아 저쪽 오동나무께로

1. 잠도록 하다: 한 가지 일을 지겹도록 줄곧 하다.

"아, 맛있다."
몸짓도 가뿐하게 해끈 해끈 날아간다

- 08.11

시 귀신아

산길을 걸어오면
설익은 시 귀신이 바짝 따라붙는다
서서 망태에 잡아넣는 그 짧은 동안에
기다리던 모기가
목 귀 팔 다리에 빨대를 박는다
풋내기 시 귀신아
바람 이슬 더 마시고
해 달맞이 더 하고
씩씩하게 더 크고
통통하게 더 익어
산 아래 내려서면 그때 찾아오너라

- 08.09

지팡이

익어가는 봄날에 뒤안간 오죽나무밭께 대추나무 낀 돌담 아래 다급하고 애절하게 개구리 우는 소리, 아기 꽃뱀이 아기 청개구리를 후리쳐 물고는 목을 뒤로 제껴 반동 넣어 막 삼키려는데, 어디서 부지깽이가 나타나 뱀 아가리를 탁 쳐서 청개구리를 떨궈 놓는구나. 삼신할미가 나타나 "여럿에서 하나 덜어내는데, 첫 사냥을 망쳐놓다니. 쯧!" 부지깽이는 서러움에 울고

가을볕에 벚나무 단풍드는 즈음 공원묘지 뒷길 낙엽 위에서 매미가 황급하게 울면서 퍼덕이는데, 말벌이 말매미를 올라타 짓누르며 몸을 동그랗게 말아 목을 물어뜯을 때, 어디서 등산작대기가 날아와 탁 털어버리니, 말벌은 "아이쿠!" 멀뚱멀뚱 쌩 날아올라 둘레를 희번덕거리고, 풀려난 말매미는 이미 저승 문턱이로구나. 산신령이 나타나 "제 할 일 끝내고 몸 보시하는데, 주제넘게 끼어들어 잔잔한 흐름을 깨어버리다니. 쯧!" 등산작대기는 설움이 복받쳐 울고

큰스님은 길을 나설 때 으레 지팡이에 요령을 달아 "쨍그랑 쨍그랑" 울리며 훠이 훠이 거침없이 나아가신다

– 08.30

맨발 산행

해 뜰 때 빛 비늘
돌부리 착착 깎아
돌길 산길 맨발로 사뿐사뿐 헤쳐 간다

발바닥에 붙은 불이
타는 가슴 적셔서
온 세상을 품에 안고 훨훨훨 춤을 춘다

- 09.22

고마리풀꽃

초록도 우지짖다 목청 꺾이고
이따금씩 노을빛에 말문도 막혀
얼마 안에 삽도 씻어 걸어야 하리
뼈마디 쑤시고 눈물 훔친 자리마다
어젯밤 별들이 찾아왔어요
분홍 물 덮어쓴 흰 별사탕을
도랑가에 논귀에 온 강가에
한 섬 두 섬 석 섬 넉 섬 흩뿌렸구나

- 09.28

최종 판관 화살

돼지삼겹살을 한 뼘 넘게 뚫고 들어가는 석궁을 바로 앞에서 배에 맞고도 철철 흐르는 피를 한 손으로 막고 깊숙이 박힌 화살을 가쁜 숨 몰아쉬며 빼내어 물끄러미 화살을 바라보곤 오히려 화살이 미안해할까 봐 나무꾼이 사슴을 나무 짐 뒤에 숨겨주듯 화살을 품안에 숨겨주었다는 어느 판사의 눈물겨운 이야기가 영화로 나와 이제 행방 묘연한 화살이 나와서 사슴이 나무꾼에게 은혜를 갚듯 화살은 판사에게 어떻게 은혜를 갚을까 궁금해 하는 관객들이 하나 둘 늘어날 때 '최종 판관 화살'이라는 영화가 나와 마지막 대사가 "두려움은 직시하면 그뿐, 바람은 계산하는 것이 아니라 극복하는 것이다." 말하고 조선 여인을 엄폐물로 삼은 청나라 만주족 전사를 향해 화살을 날렸는데 화살이 바나나킥으로 돌아 목통을 꿰뚫었다고 한다. 부러진 화살은 증거 능력이 없고 오로지 곧은 화살만이 판관 노릇을 한다고 영화 평론가가 사족을 달았다.

- 02.03

• 영화 '최종병기 활'과 '부러진 화살'은 둘 다 활이 나온다. 활은 나라도 살리고, 무너진 양심도 살릴 판이다. 그래서 '活'인가.

숲 속에 누우면

나무들 춤추는 숲 속에
팔베개를 하고 누우면
하늘이 긴 다리로 나를 디디고 선다
아이고, 망측해라
눈길에 떨어지는 선녀님들 속 고쟁이

구름이 일고 비가 내리고
골짜기를 거쳐 들판을 지나 바다로
쨍쨍한 해가 눈부신 한낮
나무들 춤추는 숲 속에 누우면
하늘이 긴 다리로 나를 디디고 선다

- 02.02

집 앞 동백꽃

겨울 내내 집 앞에 서서
빨간 입술 샛노란 목젖으로
바쁘게 나고 드는 나를 부르네
보드라운 목도리로 내 목을 휘감아
찔레꽃 향 한 움큼을 얼굴에 뿌리기도
어쩌다 한눈팔다 지나치기라도
기어이 쫓아와 옷자락을 붙드네
어쩌랴!
겨울 내내 시달린 봄 환청을

- 02.04

왜가리 발바닥

입동첩에 아기 용 용트림하고
강바람은 살얼음으로 휘파람 부네
얕은 물에 왜가리 햇살에 눈이 부셔
폴짝 뛰어 바위 위로 몸을 트는데
반짝, 나팔꽃으로 피어오르는
말갛게 빛나는 왜가리 발바닥

- 02.17

뒤로 걸어라

해를 등지고
앞만 보고 달려온 인생
머리에 희끗희끗 서리 내리고
돌쩌귀 녹이 슬고
수레바퀴 삐걱거려
뒤로 걸어라
달려온 길 이정표 삼아
해를 안고 또박또박
뒤로 걸어라
배알에 햇살 가득
뒤꼭대기[1] 새 눈 열려
앞산과 뒷산이 요동쳐 뒤바뀔 때
칠통漆桶같이 어두운 밤도
얼음처럼 산산이 깨어지리라

— 02.20

---

1. 뒤꼭대기: '꼭뒤'의 경상도 사투리

체벌 금지

봄바람이 황소바람 꼬리를 당기고
새싹이 늙은 고목 콧구멍을 쑤시고
아침노을은 돌아서서 한밤중을 야유하고
마침내 이끼 바랜 돌 감방이 와르르

벼르고 벼른 오랜 선각자가
신단수 옆 아름드리 싸리나무 곁에
회창회창 여린 싸릿대를 싹둑 잘라
비단보자기에 싸서 가만히 가슴에 품다

– 12.28

봄 새 소리

사월 십팔일 일요일 산에 올라라
진달래 지고 이어 연달래 피고
새들은 짝을 찾아 야단스럽네
그윽이 앉아 새 소리 듣다가
나비채로 나비 채듯
귀 뜰채로 새 소리를 뜨자
새 소리를 떠서 망태에 담아
담아 온 새 소리를 대청마루에 와르르 쏟으니
삐쭉 삐쭉 삐쭉 삐쭉
째애륵 째애륵 째애륵 째애륵
찌 찌 찌 찌 찌 찌
배쪽 배쪽 배쪽 배쪽 배쪽
찌찌 찌찌 찌찌 찌찌 찌찌
배배쪽 배배쪽 배배쪽
쏙쏙쏙쏙쏙
빼쪽 빼쪽 빼쪽 빼쪽 빼쪽
빼애륵 빼애륵 빼애륵
째째 째째 째째 째째 째째
깨애륵 깨애륵 깨애륵 깨애륵

배배쫑 배배쫑 배배쫑 배배쫑
빼쫑 빼쫑 빼쫑
뱅뱅뱅뱅뱅
쎌쪽 쎌쪽 쎌쪽 쎌쪽
찌이 찌르 찌이 찌르 찌이 찌르
께르께르께르께르께르께르
실실실실실실
찔찔찔찔
깰깰깰깰
스륵
베베짹
골라굴라갤라굴
퐁퐁
팩팩팩
꾀팩 꾀팩 꾀팩

– 04.18

딱따구리

이른 아침 들리는 딱따구리 소리
굵은 나무 가는 나무 가리지 않고
타타타타타타타 데데데데데데데

키도 손도 크지 않은 작은 형님
눈을 비비며 부엌으로 찾아가
엄마를 보고 눈을 깜빡깜빡
엄마도 눈만 끔뻑끔뻑, 또 젖이 없구나
따박따박 집 뒤 감나무 밑에서
감 홍시를 배부르도록 쪽쪽 빨고는
배를 통통 두드리며 돌아 나오죠

여직 키 작고 손 꺼칠한 우리 형님
환갑이 넘어도 못처럼 단단해
낮에 일하고 밤에 백팔 배 멈추지 않아요
힘든 노동 끝에, 씻고 척 대청에 나앉으면
맑은 눈에 알 수 없는 향기가 풀풀 나요

- 03.21

무말랭이김치

무를 채 썰어 삼베 위에 널면
해님이 내려와 조근 조근 밟는다
무말랭이김치 한 조각 지그시 깨물면
"오도독"
해님 발자국 소리 사방으로 튄다

• 2010년 가을, 배추 파동으로 날마다 급식소 식탁에 오른 무말랭이김치. 배추김치를 그리워하는, 가련한 미각을 위로하며 이 시를 읊다.

개나리

햇볕을
많이 먹어
배부른 봄 언덕에
노란 개나리들 실실이 늘어져
살랑 살랑 봄바람에
그네를 타고
노네

– 봄

고등어튀김

선생님은 고등어 세 토막이고, 나는 한 토막이고
너는 배가 작은 아이이고, 나는 배가 큰 어른이고
아이고, 선생님 그런 말 마세요
목욕탕 가면 나도 어른 돈 내요[1]

1. 1학년 가인이, 얄미운 차별에 당당한 대꾸가 그대로 시가 되었다. 아이들은 누구나 시인!

매화꽃 아이

깡총 토끼처럼 느릿 거북처럼
학원 마치고 집으로 가는 아이
언덕 위에 매화꽃이 활짝 웃자
발걸음 멈추고 폰카메라로
이리 재고 찰칵 저리 재고 찰깍

송언 동화

송언은 캔디처럼 참고 참고 또 참고
예수 부처처럼 닦고 닦고 또 닦아
말썽꾸러기들 남긴 밥풀 과자 부스러기
하나하나 주워서 티검불 후후 불어내고
다시 꼭꼭꼭꼭 씹고 씹고 또 씹어
성경 불경보다 한 수 위인 동화를
여름겨울방학마다 쑥쑥 낳는다

- 01.07

연꽃

벽을 바라보니 연꽃의 얼굴이 피어오른다
마냥 우악스런 잎사귀를 조용히 아우르고
한껏 새벽을 머금은 입술은 터질 것만 같다

잡고 설 나뭇가지 하나 없는 캄캄한 허공에서도
철없는 바람 소리를 끝끝내 타이르며
연꽃 향기는 밤새 새 길을 텄길래

서산 마애 부처님의 미소가
뽕밭 안개 바다를 가르며
흙집 봉창에까지 아침 햇살로 오시고 있다

\- 11월 어느 날

불난 산

타다만 나무에
버섯이 돋아나
어미를 닮아서
얼굴이 그을려

문둥이가 야밤에
아기를 낳으면
황급히 불 밝혀
얼굴을 살피지[1]

- 02.29

1. 『장자』에 나오는 한 구절(2연)
'덴동어미'는 제 잘못으로 가슴에 못이 박혔지만, '타다만 나무'는 누구 탓으로 이렇게 속까지 태워야 하는가.

그리운 교장선생님

– 상안초 하달환 교장선생님 퇴임 송별시

매화향기 봄을 실어 파릇 새싹 돋아나면
상안학교 문을 열어 아이들을 맞이하네
"안녕!" 언제나 먼저 인사 하는 교장선생님

진달래 꽃동산에 벌나비 춤을 추고
개나리 하늘하늘 봄바람에 그네 탈 때
"가자, 천마산으로" 힘차게 앞장서는 교장선생님

뙤약볕 운동장에 공을 차는 아이들
키 큰 버드나무 등골 바람 불어주네
"그래도, 한낮 땡볕은 피해라!" 한 마디 던지는 교장선생님

찌는 햇볕 받아 녹여 가슴 가득 채운 향기
아이들이 찾아와 코를 박는 수련 꽃
한 송이 수련 꽃을 피우기 위해 노심초사 겨울 갈무리 교장선생님

샘실 냇물 끌어올려 물레방아 도는 내력
대청마루 정자에서 동화 읽고 시를 쓰네
물레방아 정자 둘레를 서성이는 교장선생님

서늘바람 체에 쳐서 금실 같은 금목서향
아, 금목서 향기에 취해 배틀대는 아이들
보일 듯 말 듯 좁쌀만한 금목서꽃 교장선생님

보리 싹 덮으려고 하늘에서 눈발 펄펄
교실을 박차고 운동장에 가득한 아이들
함박꽃 웃음으로 덩실 덩실 춤추는 교장선생님

잠자는 해변을 흔들어 깨우는
해 뜨는 겨울 바다 파도 소리로
언제나 앞길을 열어가라 채근하는 교장선생님

- 2월 어느 날

- 흥겹고 힘든 봄 운동회를 마치고
  "신나게 뛰었어요?" "예!"
  "재미있었어요?" "예!"
  "내년에 또 할까요?" "예!"
  "이상, 교장선생님 말씀 끝"
- 짧고 굵은 훈화로 우리들의 사랑을 담뿍 받았던 '훈화의 달인' 하달환 교장선생님, 작은 거인! 참 스승!

노루귀

볕 좋은 산비알[1]에 해가 저물면
야생화 오누이들 비단 낙엽 이불 덮고
어느새 하나 둘 잠이 들었네
밤새 어머니는 새하얀 이불을
한 꺼풀 더 덮어주셨지
맏이 '복수초'는 강골 아니랄까 봐
이른 새벽 흰 눈 아래 얼음을 깨고
찬물로 온몸 비벼 냉수마찰까지
잠귀 밝은 깍쟁이 둘째 '노루귀'는
창에 비친 햇살에 보시시 눈이 부셔
살며시 이불 걷어 얼굴을 내미는데
긴 목, 서늘한 눈매, 귓바퀴에 잔털 송송
'현호색', '바람꽃', '제비꽃' 동생들을
자꾸 흔들어 깨우며
"제 오시는 봄 처녀
우리 집 앞 지나기 전
어서 마중 나가자."

– 03.11

1. 산비알: '산비탈'인데 우리 할머니는 언제나 '산비알'이라고 했다.

고로쇠물

배고프지 않아도 사람은 빨고 빤다
사슴을 보면 사슴 목에 빨대 박고
곰을 보면 곰 허리에 빨대 박고
고로쇠나무[1]에는 장단지에 빨대 박아
이미 나와 부른 배를 양껏 채운다
아마도 위세 떠는, 모기 사돈인기라
허기진 모기가 어찌어찌 하면
물린 자리 탁 치며 왕짜증을 내며
"요놈의 모기 땜에 못 살겠다."
얼척 없어 모기가 툭 내뱉는 말
"사돈, 남말하시네요."

- 03.19

1. 청학동에 수련활동 갔는데, 고로쇠나무마다 링거팩을 달아 수액을 빨아낸다. 온 산에 벗은 나무들 병실에 병자 같은데 링거 맞는 것이 아니라 수액 빨리는 것이다. 돈 되는 일이라 처절하다.

검은 비닐 봉다리

동무들 다 떠난 떼까마귀 한 마리
높고 높은 나뭇가지 끝간 가지에
발목이 붙잡혀 오도 가도 못하고
세차게 바람 불면 아가리가 째지도록
고래고래 질러도 재재 발린 소리뿐
바람 없는 허공에선 추릴 뼈도 없구나
사람들 그 모습에 쯔쯔 혀를 차지만
청설모 오솔길에 누가 올라가랴
아, 깃털 같은 사람은 어디에 있느냐

- 03.26

송아지의 꿈

전생에 악업이 어떠했길래 어머니 뱃속에서 튼튼한 송아지로 미끌 빠져나와 엉중겅중 너른 들에 와짝 한번 앵겨 보지도 못하고 뒤꼭지가 엉덩이 닿은 구겨진 모습으로 널브러져 사산했나. 털 마를 새를 기다리지 말고 저 너머 산비알 버드나무 아래 묻어 이 몸이 썩어서 우쭐우쭐 나무 키워 통통하게 살이 올라 마침맞게 화목감 되거들랑 드는 톱으로 미련 없이 버혀 넘겨 아름드리 도끼바탕 위에 단정히 뉘여서 탕탕 쪼개어 동안거 스님네들 수행하는 구들장을 쩔쩔 뎁혀서 밑이 노골노골 삭신이 간질간질하면 엉덩이에 흰 뿌리가 서리서리 뻗어서 수미산을 다 덮으면 이마에 정수리에 우담바라 활짝 피어 그 공덕으로 저 만주 벌판이나 연해주 너른 들에 튼실한 송아지로 냉큼 태어나 어깨에 멍에 씌워 한길 가는 쟁기 걸어 누렇고 검고 보드랍고 살가운 땅을 깊이도 갈아엎어 향 맑은 세상을

- 03.27

떡붕어

봄비 서너 차례에 꺾여 들어
물속에 얼굴을 쳐 박은 마른 부들들
짙은 숲이 사라지자 하늘이 훤해
보리밭에 뽕밭에 사랑이 미어지듯
부들들 사정없이 흔들리는 자리
떡붕어 거친 사랑에 놀란 연못
반짝 반짝 눈을 뜨는 봄 언덕

- 04.02

벚꽃눈

남쪽나라 울산은 눈 내리지 않아요
겨울 내내 기다려도 끝내 오지 않아요
아쉬워하면서 봄눈을 기다려도
올해는 끝끝내 봄눈도 오지 않네
벚꽃이 활짝 피어 온 세상이 꽃 잔치
어젯밤 비바람 무섭게 섞어치니
맑게 갠 오늘 아침 꽃눈이 함빡 쌓여
벚꽃눈 긁어모아 동무한테 뿌려요
오래 묵은 소원을 시원하게 풀었어요

\- 04.12

나물

나는 물
싱그러운 물살
곳곳에 하느님 옹달샘
형수님이 뜯어준 산나물을 먹으며

아내

목숨을 살리는 해
세상에 해는 셋
하늘에 해[1]
땅에 해[2]
안 해[3]

- 03.18

1. 태양
2. 마그마(巖漿암장, 明夷명이, 襲明습명, 微明미명, 葆光보광)
3. 아내

노을

서산에 붉은 노을
엄마 부르는 소리
여기저기 놀던 새들
엄마 품으로 돌아가네

- 07.01

거울

나를 보면 너를 볼 수 있어
굳이 애써 날 찾아올 필요는 없어
마주하는 모두가 거울이야

- 07.03

2부

다음 시

茶雲初 다운초[1]

중 선 끽 다 다 운 산
衆仙喫茶茶雲山
선 동 동 무 태 화 강
善童同舞太和江
중 선 선 동 동 행 처
衆仙善童同行處
호 념 부 촉 관 세 음
護念[2]咐囑[3]觀世音[4]

다운초

여러 신선들 다운산에서 차를 마시고
착한 아이들 태화강에서 춤을 추네
뭇 신선 착한 아이들 어우러진 이곳을
미인관세음보살이 보살피고 끌어주네

\- 04.10

1. 茶雲初: 울산 다운동에 있는 초등학교
2. 護念: 보살피다
3. 咐囑: 이끌어 주다
4. 남해 금산 보리암 해수 관음보살

世上大兄 세상대형

세상대형금태림　　호형호제여중락
世上大兄錦泰林[1]　　呼兄呼弟與衆樂

선남선녀약점심　　장삼이사속석연
善男善女約點心　　張三李四束夕宴

학수고대상봉담　　옥체보중축주선
鶴首苦待相逢談　　玉體保重逐酒仙

쾌활신명초행선　　제일관건항강건
快闊身命招行禪　　第一關鍵恒康健

세상 큰형님

세상 큰형님 화평한 비단 숲
뭇사람들과 호형호제하며 즐기네
선남선녀들이 점심 약속을 하고
장삼이사가 저녁 주연 마련하여
서로 만나 정담 나누기를 학수고대하네
옥체보중하기 위해 주선을 귀양 보내고
몸과 마음이 쾌활하도록 걸으셔야 합니다
제일 중요한 것은 늘 몸 튼튼 맘 든든 얼 씩씩!

\- 05.15

1. 錦泰林: 錦繡江山금수강산

還道風流 환도풍류

오월풍광호시절 송향심심묘연처
五月風光好時節 松香深深渺然處
약주농밀오등집 월하가무구래전
藥酒濃密吾等集 月下歌舞舊來傳

녹음방초일중숙 조비어약성일가
綠陰芳草日中熟 鳥飛魚躍成一家
태강다산근친교 여여여축미량정
太江茶山近親交 予與汝蓄美良情

둘레길 풍류

오월 경치 좋은 시절
솔향기 깊은 묘한 곳에서
약주가 농밀하게 익어 우리가 모였지
달 아래 춤 노래는 예부터 전해 온 일

녹음방초가 해 아래 익어가니
나는 새 뛰는 물고기 한 집안을 이루고
태화강과 다운산이 가깝게 사귀듯
우리들의 아름다운 정 도탑게 쌓아 가세

\- 05.18

憂慮四大江 우려사대강

춘 우 세 소 강
春雨勢少强
유 실 사 강 사
流失四江沙
하 홍 매 년 기
夏洪每年期
우 인 렬 모 정
愚人裂母情

사대강 걱정

봄비가 조금 거세었다고
사대강 모래가 유실되었다
여름 홍수 해마다 일어나는데
어리석은 사람
갈가리 찢어놓은 어머니 가슴

- 05.25

題聖德修練院 제성덕수련원

산 중 봉 야 귀
山中逢夜貴

미 오 불 면 종
未惡不眠終

시 마 축 수 마
詩魔逐睡魔

득 란 이 삼 구
得卵二三句

효 풍 권 박 무
曉風捲薄霧

량 기 투 골 심
涼氣透骨心

이 상 첨 연 가
耳上檐燕歌

수 하 죽 엽 성
手下竹葉聲

성덕수련원에서

산속에서 밤맞이 어디 흔한 일인가?
꼴딱 밤새우기 싫지 않아요
시 마귀가 잠 귀신을 내쫓아
알토란 같은 시 구절 몇 얻었지
새벽바람 엷은 안개 말아 올리니
상큼한 기운이 뼈 속에 아리네
귀 삼태기로 제비 노랫가락 퍼 담고
손 까꾸리로 댓바람소리를 긁어모아요

– 05.31

貴席 귀석

중 부 권 역 우 량 사　　난 득 일 시 봉 지 지
中部圈域優良師　　難得一時逢遲遲
일 기 서 습 오 등 회　　결 국 강 우 일 배 주
日氣暑濕吾等會　　結局降雨一杯酒

회 배 숙 정 양 면 홍　　취 중 담 화 연 륜 철
回盃熟情兩面紅　　醉中談話年輪凸
연 장 가 무 하 시 진　　야 우 불 철 난 별 리
延長歌舞何時盡　　夜雨不輟難別離

귀한 자리

중부권역 출신 좋은 교사들
때를 잡지 못해 지지부진 못 만나다가
날씨 후덥지근한 날 우리는 만났지
결국 비가 내리고 한 잔 술을 마시고

잔이 돌자 정이 익고 두 볼이 붉어오네
취해서 나누는 이야기에 나이테가 도드라져
늦어지는 노래와 춤 언제 끝나랴?
밤비 그치지 않아 어렵사리 이별하네

- 06.12

竹筍 죽순

하 우 여 모 계
夏雨如母鷄

죽 순 사 계 란
竹筍似鷄卵

란 중 계 아 쵀
卵中鷄兒啐[1]

모 계 탁 란 각
母鷄啄卵殼

탄 즉 쟁 수 고
誕卽爭誰高

죽순

여름비는 어미닭
죽순은 엄마 품속 달걀
알 속 병아리가 톡톡 치면
어미닭이 밖에서 탁탁 치지
쨍! 태어나자마자 엄마랑 키 재기

– 06.14

1. 啐 부를 쵀, 啄 쪼을 탁: 알 속 병아리가 이제 알 밖으로 나가려고 안에서 톡톡 쪼아 어미를 부르는 소리 쵀, 어미가 알 속 병아리 부르는 소리에 밖에서 기뻐 호응하며 쪼는 소리 탁, 쵀탁! 쵀탁! 쵀탁!

風流人生 풍류인생

풍 일 경 배 우 공 준
風日傾盃雨空樽

사 사 풍 류 시 일 과
事事風流是日課

익 호 연 생 군 막 도
溺壺憐生君莫道

여 배 음 주 오 등 정
汝輩飮酒吾等情

풍류인생

바람 불어 한 잔 꺾고

비가 쳐서 독을 비우네

일마다 풍류 인생 이것이 일과로다

술 단지에 빠진 가련한 인생이라고

그대는 나무라지 말게

자네들은 술을 마시지만

우리는 인정을 마신다네

\- 06.23

茶雲初南海觀光 다운초남해관광

풍 우 해 변 파 도 성
風雨海邊波濤聲
야 심 장 우 천 지 명
夜深壯雨天地溟
도 시 빈 객 망 침 석
都市賓客忘寢席
달 효 화 창 서 포 장
達曉話唱西浦丈

우 중 사 륜 등 금 산
雨中四輪登錦山
운 무 발 발 보 리 암
雲霧渤渤普利庵
해 수 관 음 약 진 파
海水觀音約鎭波
승 교 쌍 홍 몽 연 정
乘橋雙虹夢戀情

호 국 승 주 발 모 수
好麴勝酒潑母手
일 배 일 배 환 고 원
一杯一杯喚故園
가 무 흥 취 혈 류 통
歌舞興趣血流通
백 득 일 실 파 도 주
百得一失波濤酒

다운초 남해관광

비바람 해변에 파도소리 좋아라[1]
밤 깊어 세찬 비에 천지가 바다로다
도시에서 오신 손님 잠자리도 잊고
새벽까지 서포 어른과 시를 주고받는다

빗속에 버스타고 비단 산을 오르다
구름 안개 자욱한 별천지 보리암
해수관음은 풍파 잠재우기를 약속하고
우리는 쌍무지개 타고 사랑을 꿈꾼다

좋은 누룩 달콤한 술 어머니 손에서 샘솟고
한 잔 한 잔 마시며 고향 동산을 부르네
춤추고 노래하는 흥취는 핏속에 흐르는 전통
다 좋은데 술 파도타기는 견디기 힘들어

- 06.27

1. 서포 김만중선생 귀양지 근처 바닷가
• 남해 금산으로 직원 여행을 갔다.

急作何如一盞 급작하여일잔

교 학 상 장 선 량 사
敎學相長善良師

미 계 급 작 주 연 성
未計急作酒宴盛

매 봉 쇄 우 이 별 애
每逢灑雨離別哀

금 야 가 무 우 격 고
今夜歌舞尤格高

오늘 한잔 어때?

배우고 가르치는 선량한 선생님들
갑자기 마련한 술자리도 성대하구나
만날 때마다 비 뿌려 이별이 아쉬워라
오늘밤 춤과 노래는 더욱 격조 높았지

- 07.20

遇吟 우음

독 서 자 득 지
讀書自得遲

전 생 경 판 우
前生經板牛

일 일 대 부 책
日日戴負册

공 부 근 행 상
工夫勤行庠[1]

우연히 읊다

독서해도 얻는 것이 지지부진하니
아마도 전생에 경판 나르던 소였으리
날마다 책을 이고 지고
공부하러 학교 가기 부지런을 떤다

\- 08.21

1. 庠 학교 상

讀義天元曉詩 독의천원효시

소 시 약 목 독 서 난
少時弱目讀書難

청 년 혈 기 익 주 연
靑年血氣溺酒煙

다 생 우 중 파 칠 통
多生愚衆破漆桶

계 침 양 사 학 시 문
芥針兩師學詩文

대각국사 의천 원효의 시를 읽고

어릴 때는 눈이 약해 독서하기 어려웠고
청년 시절 끓는 피로 술 담배에 빠졌지
거듭되는 무명無明 칠통 깨고 나온 것은
겨자씨가 바늘구멍 만난 기적처럼
최 · 조 두 스승께[1] 시와 글을 배웠기 때문

- 08.01

1. 한국문학통사를 읽다가 이 시를 씀. 兩師는 『글쓰기 원리탐구』 최명환, 『한국문학통사』 조동일 두 교수를 말한다.

依海東疏講金剛經慶而有作[1] 의해동소강금강경경이유작

— 義天(의천)

의 어 비 문 계 불 심
義語非文契佛心

분 황 과 교 독 감 심
芬皇科敎獨堪尋

다 생 고 령 명 여 야
多生孤靈冥如夜

차 일 조 봉 개 우 침
此日遭逢芥遇針

원효 스님을 그리며

옳은 말씀은 꾸미지 않아도 불심에 맞고
원효 스님 교과서는 홀로 탐구할 만하구나
거듭되는 외로운 혼령이 어두운 밤을 헤매다
오늘 겨자씨가 바늘구멍에 들듯 스님을 만났구나

1. 조동일 『한국문학통사 1』 P.350~351

七月長雨 칠월장우

삭 우 죽 림 고
數雨竹林苦

두 중 협 수 굴
頭重脅瘦屈

장 우 산 균 쟁
長雨山菌爭

몽 포 철 각 장
蒙匏徹殼壯

칠월 징한 비

잦은 비에 신음하는 대숲

무거운 머리 야윈 옆구리 기우뚱

긴 비에 산 버섯 다투듯 불쑥 불쑥

바가지를 덮어쓰고도 씩씩하게 뚫고 나와

- 08.03

恩師 은사

치 시 산 파 수 화 자　　일 조 일 충 일 사 응
稚時散播數花子　　一鳥一蟲一師應

강 산 이 변 지 부 지　　일 조 진 상 홀 득 시
江山二變知不知　　一朝進上忽得詩

화 발 화 발 절 세 화　　파 종 사 심 발 아 흉
花發花發絶世花　　播種師心發我胸

대 강 범 범 심 처 류　　원 망 계 수 청 풍 기
大江泛泛深處流　　遠望稽首淸風起

고마운 선생님[1]

유치한 시절에 꽃씨 몇 알 흩뿌렸지
새 하나 벌레 하나, 하나는 선생님이
강산이 두 번 바뀌어 뿌린 일도 잊었지
문득 얻은 시 한 수를 선생님께 올렸더니
꽃 피었네 꽃 피었네 기다리던 꽃 피었네
선생님 마음에 묻은 씨가
어느새 내 가슴에 꽃 피었네
아, 큰 강은 잔잔한데 깊은 물길 세찼구나
계시는 곳 바라보니 맑은 바람 건듯 분다

－ 08.04

1. 최명환 선생님께 시 '때죽나무꽃' 칭찬을 받고 쓴 시

稚桐 치동

풍기조조산근청
風起早朝山根清
불견치동하처래
不見稚桐何處來
비비경신신작음
飛飛輕身伸作蔭
약서봉황공급종
若棲凰鳳空給種
시인환목상금슬
詩人還木想琴瑟
자부촉목사여귀
慈父觸木思女歸
풍흥숙조산근랑
風興熟朝山根䀶
천지오동청여장
天地梧桐青與壯

어린 오동

바람 이는 이른 아침 맑은 산자락
어제 못 본 어린 오동 어디서 왔지
하늘하늘 날갯짓에 몸이 가볍고
번듯번듯 팔을 벌려 그늘 드리기
봉황새 깃들이면 먹을 것은 덤으로
시인 묵객 오동 돌며 거문고 소리
아버지들 오동 잡고 딸 생각 애틋해
바람 부는 한창 아침 밝은 산발치
땅 하늘에 푸른 오동 씩씩하여라

– 08.05

題無去酒幕與文校監 제무거주막여문교감

태 화 강 상 석 점 교
太和江上石點橋

금 래 사 일 황 룡 용
今來四溢黃龍湧

무 거 주 막 만 세 음
無去酒幕滿世音

탁 주 삼 호 탄 담 제
濁酒三壺綻談堤

무거동 주막에서 문교감과 함께

태화강 상류에 아른 아른 징검다리
네 번이나 흘러 넘쳐 황룡이 굼실굼실
무거동 주막에 가득 찬 세상 소리
막걸리 세 사발에 둑이 터져 흐른다

- 08.09

• 綻 옷터질 탄, 堤 둑 제, 談堤: 이야기 둑, 石點橋: 징검다리, 壺 병 호

牛浦 우포

우 포 범 범 녹 사 전
牛浦汎汎綠紗展
점 점 백 로 선 녀 강
點點白鷺仙女降
일 억 육 천 만 년 화
一億六千萬年畵
목 도 팽 목 여 하 풍
目睹彭木與夏風

우포 늪

우포 범범하여 초록 비단 펼친 듯
점점이 백로는 소풍 나온 선녀인가?
일억육천만 년 동안 그려온 그림을
팽나무와 여름 바람 곁들여 감상하네

- 08.16

夏火旺山 하화왕산

춘 추 동 승 하 경 범
春秋冬勝夏景凡

하 화 왕 산 과 공 산
夏火旺山果空山

처 처 풍 령 산 화 소
處處風嶺山花[1]笑

진 홍 로 백 연 임 경
眞紅蘆白連任輕[2]

여름 화왕산

봄가을 겨울 절경, 여름은 별로라네
과연 비었구나! 여름 화왕산이여
곳곳에 바람재 메나리꽃 활짝 웃어
붉은 참꽃 흰 억새꽃 너끈히 이어주네

- 08.17

---

1. 山花－山有花－메나리꽃
2. 眞紅蘆白連任輕: (여름 메나리꽃이) 봄 붉은 참꽃과 가을 흰 억새꽃을 이어주는 임무를 가볍게 수행한다는 뜻임.

犬尾草 견미초

윤 택 미 즉 안
潤澤尾卽顔

장 항 기 탈 속
長項麒脫俗

집 목 향 다 방
集睦向多方

중 추 승 풍 한
中秋乘風閑

강아지풀

포슬포슬 꼬리가 복스러운 얼굴이야
기린 목을 닮아서 한껏 빼어났구나
함께 모여 살아도 눈길은 서로 달라
익어가는 가을에 바람 타고 일렁일렁

- 08.18

白蘆花 백로화

장 대 활 달 백 로 화
長大豁達白蘆花
정 적 효 정 재 계 욕
靜寂曉井齋戒浴
청 조 향 일 계 수 례
淸朝向日稽首禮
불 외 다 원 승 백 인
不外多寃乘白刃
풍 파 일 신 신 명 무
風波一身神明舞

억새꽃

큰 키 흔들 꽃 흰 억새여
새벽 우물에 깨끗이 몸을 씻고
아침 해 바라보고 고개 숙이네
불어오는 갖가지 서러운 하소연을
오늘도 저버리지 못해 작두를 탄다
둥둥둥둥
바람 물결에 춤추는 백수광부여

- 09.29

題鍪藏山 제무장산

무 장 산 곡 연 단 풍
鍪藏山谷燃丹楓

세 우 산 객 시 계 상
細雨山客視界爽

산 명 함 의 중 작 중
山名含意重嚼中

석 간 수 성 돌 올 창
石澗水聲突兀滄

경주 무장산[1]에서

무장산 골짜기에 단풍이 타오른다

가랑비에 비친 잎 새 눈앞이 상쾌해라

무장, 무장, 산 이름을 곱씹어보는데

아, 싸늘하게 떨어지는 계곡물 소리

- 10.31

---

1. 신라 때 왜구를 물리치기 위해 이 산에 병장기를 숨겨놓아 '무장산'이라 함.

• 鍪 투구 무, 병장기를 뜻함, 燃 사를 연, 탈 연, 細雨:가랑비, 爽 시원할 상, 상쾌할 상, 嚼 씹을 작, 澗 계곡시내 간, 突兀돌올: 갑자기 우뚝, 滄 찰 창, 싸늘할 창

雨中落葉 우중낙엽

염 일 하 감 노
炎日下甘勞

풍 우 중 무 동
風雨中舞動

낙 엽 소 로 상
落葉掃路上

추 우 금 금 귀
秋雨錦衾歸

비에 잠든 낙엽

땡볕 아래 일해야 일할 맛이 나지
비바람에 덩실덩실 춤추며 일하고
낙엽으로 뒹굴어도 길바닥을 쓸었지
아, 가을비 비단 이불에 고향 가는 꿈이라

– 11.20

歌舞壬辰茶雲初 가무임진다운초

우 조 향 란 경 태 림
友鳥香蘭經太林

어 약 유 행 도 광 연
魚躍流荇到光淵

임 연 중 생 호 시 절
林淵衆生好時節

임 진 다 운 교 농 풍
壬辰茶雲敎農豊

임진년 다운초 춤추며 노래하리

새들 노래하고 난초 향 그윽한 큰 숲을 지나서
고기 뛰고 물풀 살랑대는 밝은 못에 이르렀네
숲과 연못에 뭇 생명들 좋은 시절 만나서
임진년 다운초 교육 농사 풍년 들겠네

- 12.24

- 荇 마름 행, 물풀 행, 躍 뛸 약
- 문종원 교장 되어 가고 김광연 교감 오다. 태림(太林)에 광연(光淵)이라 절묘한 만남이다. 이름이 시상을 불러 기분 좋게 한 수 읊다. 도처에 기쁨이고 축복이다.

聽恩師講演 청은사강연

영 청 학 구 충 노 무
嶺靑學究忠老撫

신 춘 광 야 백 화 향
新春廣野百花香

다 조 위 사 일 봉 도
多遭偉師一逢徒

교 학 동 무 훈 풍 래
教學同舞薰風來

은사님 강연을 듣고

영남 젊은 학구열을 충청 노 석학이 어루만지니
새 봄 너른 들에 가지가지 꽃향기 퍼지리라
학생들 큰 스승 만나고, 스승은 꿈꾸는 무리 보아
함께하는 신명난 춤판에 훈풍이 불어온다

\- 01.07

• 최명환 전 공주교대 교수가 울산에 내려와 초등교사들에게 '글쓰기 원리 탐구'를 강연했는데, 연수 분위기가 사뭇 감격스러웠다. 울산 교사들이 유달리 총기 있고, 표현력이 좋고, 진취적이라고 했다.

與金珉子爲校監詩 여김민자위교감시

촌 생 성 자 연
村生性自然
건 각 우 지 민
健脚又智敏
등 고 제 재 목
登高齊材木
능 가 태 림 형
凌駕太林兄

김민자 선생 교감 되면 줄 시

촌에서 태어나 성품이 원만하고
튼튼한 다리로 슬기롭고 민첩해
높은 데 올라가서 재목을 고루니
멋진 큰 숲을 최고로 가꾸리라

\- 02.17

• 금교장보다 더 훌륭한 교장이 되시오!

贈孫水源先輩詩 증손수원선배시

풍채현덕성종향
風采玄德聲鐘響
동정강암사추상
動靜江巖思追爽
문예인술선희아
文藝仁術善戲兒
아음원수안광청
我飮源水眼光淸

손수원 선배께 드리는 시

풍채 그윽하고 목소리 큰 종처럼 울려
동정이 강물과 바위 같고 사상은 시원해
아이들과 잘 놀면서 문학하고 인술 펴니
수원지 물 한 모금에 내 눈빛이 맑아지다

- 02.27

- 일 년 동안 손수원 선생님과 동학년을 하면서 많은 것을 배웠는데, 정작 나는 변변찮은 식사 한 번 대접을 못하다니, 문득 걸어오면서 이 시가 생각이 나서 바로 붙잡았다.
- '水源' 孫守源先生

統營明月下 통영명월하

동 지 통 영 일 기 난　　　동 피 어 시 인 파 랑
冬至統營日氣暖　　東避魚市人波浪
명 월 미 풍 휴 어 선　　　달 효 항 아 포 수 국
明月微風休漁船　　達曉姮娥[1]抱水國

천 안 피 폭 익 무 중　　　연 평 포 격 초 흑 운
天安被爆溺霧中[2]　　延坪砲擊招黑雲[3]
명 백 권 세 미 칠 암　　　한 산 이 공 청 대 책
明白權勢[4]迷漆暗　　閑山李公聽對策

통영 보름달 아래

동짓날[5] 통영항구 외려 날씨 따뜻해
동피[6]랑 어시[7]장에 사람 물결 넘실넘실

---

1. 姮娥: 달에 사는 미인, 모성을 지닌 밝은 달.
2. 溺霧中: 진실이 밝혀지지 않은 상태임.
3. 招黑雲: 핵전쟁이 일어난다고 북한이 으름장을 놓고 있다.
4. 明白權勢: 남한 이명박, 북한 김정일 두 명백한 권력 실세들.
5. 동지: 2010년 12월 22일.
6. 동피: 통영 동피랑 마을.
7. 어시: 큰 어시장에 고기가 싱싱하고 값이 싸다.

- 천안피폭: 정부에서는 남한 천안함이 북한 어뢰에 맞아 반파당하여 해군 46명이 수장된 사태라고 밝힘. 아직 진실이 밝혀지지 않은 미제 사건으로 보는 시각도 만만찮음.
- 연평포격: 남한의 포사격 훈련에 반발하여 북한이 연평도를 포격한 사건. 민간인이 죽고 6 · 25 이후 최대 접전 사건. 서로 강경하게 대치하며 확전 일보 직전 상황으로 모든 국민들이 두려워하고 있다. 개혁 정부 시절에는 남북 상호 상생의 길을 추구하며 이런 극단적인 사건으로 치닫지는 않았다. 남북한

살랑 바람 달빛 아래 어선들 푹 쉬고
새벽까지 보름달은 물나라를 품에 안아

천안함 피폭은 오리무중에 빠지고
연평도 포격은 검은 구름 불러올까
명백한 권력실세 칠흑어둠에 허우적대니
한산섬 이충무공께 대책을 듣는다 - 12.23

권력의 실세들이 서로 대화하여 문제를 풀어야 한다. 지금 이명박 정권은 북한과 강경하게 대치하여 한반도에 전운이 감돌고 있다. 이렇게 하면 남한은 미국에, 북한은 중국에 더욱 예속되어 민족 자주성을 심각하게 훼손할 가능성이 높아 걱정이다.

• 배를 타고 조금 가면 한산섬 제승당이 나온다. 그곳 수루에 이충무공의

> 한산섬 달 밝은 밤에 수루에 홀로 앉아
> 큰 칼 옆에 차고 깊은 시름 하던 차에
> 어디서 일성호가는 남의 애를 끊나니

하는 시조 현판이 걸려 있다.
"조용한 정경이 크나큰 움직임을 내포하고 있다. 이순신은 마음씨가 섬세한 사람이라 나라를 근심하는 번민이 겹쳐 잠을 이루지 못하고 있는 심정을 선명하게 나타냈다. 천지를 진동하는 해전이 계속되는 동안에 이처럼 조용하게 침잠하는 겨를이 있었기에 역사를 바꾸어 놓을 수 있었다." 조동일, 『한국문학통사3』 35쪽.
'호가(胡笳)'는 'A grass flute'라고 번역되어 있다.

• 작년 상안초에서 방학하자마자 충무 통영 일대로 직원 여행을 갔다. 양산 통도사 근처에서 비빔밥을 먹다. 거가대교, 바다 속 터널을 지나 통영 바닷가 호텔에 여장을 풀다. 날씨가 따뜻하고 바람이 잔잔하다. 회를 먹고 술을 마시고 춤을 추다.

十一月電 십일월전

생 평 이 변 증 미 경
生平異變曾未經

십 일 월 전 반 시 간
十一月電半時間

첩 억 백 운 십 월 전
輒憶白雲[1]十月電

고 려 진 전 격 몽 두
高麗震電擊蒙頭

시 경 간 담 서 이 십
是驚肝膽鼠二十[2]

겨울 천둥번개

평생에 이런 이변 일찍 겪지 못했네
동짓달에 천둥번개가 반시간씩이라니
문득 이규보 시 '겨울 번개'가 생각나네[3]
고려 천둥번개는 몽고 오랑캐 목을 쳤고
이번 천둥번개는 쥐 스무 마리 간담을 서늘케 하는구나

– 11.11

---

1. 白雲居士: 동국이상국 이규보
2. 鼠二十: 쥐 스무 마리: G20정상
3. G20정상회담이 열린 지난 2011년 11월 11일 밤, 울산에 때아닌 천둥번개가 30여 분 내리쳤다. 천둥소리 번개 빛이 하늘을 찢고 바다를 울리고 산을 흔들다. 마침 이규보 선생의 시가 생각나서 이 시로 화답한다.

十月電[1] 십월전

李奎報(이규보)

천 방 교 아 독 이 미
天放驕兒毒已彌
당 동 진 전 우 해 위
當冬震電又奚爲
번 연 약 향 호 두 격
翻然若向胡頭擊
종 왈 비 시 가 왈 시
縱曰非時可曰時

겨울 천둥번개

하늘이 교만한 녀석들을 풀어놓아 독이 이미 퍼졌는데
이 겨울에 천둥 번개 치는 것은 또 무슨 일인가?
번뜩이는 빛으로 몽고 오랑캐 머리를 향해 내리친다면
비록 때아닌 때이지만 알맞은 때라 하겠네

1. 조동일, 『한국문학통사 2』 P.34

題奉化日月山 제봉화일월산

산 중 명 월 다 반 사
山中明月茶飯事
도 시 빈 객 감 탄 발
都市賓客感歎發
초 충 당 와 여 작 명
草蟲塘蛙如昨鳴
봉 연 등 천 문 노 발
蓬煙騰天蚊怒發

봉화 일월산에서

산 속 밝은 달은 뜨던 대로 뜨는데
도시에서 오신 손님 감탄사 연발하네
풀벌레 연못 개구리 어제처럼 우는데
모락모락 쑥 연기에 모기 녀석 노발대발

- 08.24

題普門修練院 제보문수련원

신 효 명 조 고 송 림
新曉鳴鳥高松林
탈 가 광 동 조 조 조
脫家狂童嘲嘲朝
염 천 정 오 갈 수 애
炎天正午葛垂崖
원 무 가 창 운 월 동
圓舞歌唱雲月童

보문 수련원에서

이른 새벽 키 큰 솔밭 지저귀는 새들
집 떠난 말썽꾸러기들 재잘대는 아침
뙤약볕 벼랑에 얼키설키 칡덩굴
춤추며 노래하는 달무리 아이들

- 2010년 어느 날

有感漢詩鑑賞練修後 유감한시감상연수후

이 천 전 승 백 년 단
二千傳承百年斷
일 시 연 수 충 백 년
一時練修充百年
오 등 자 혜 초 등 사
吾等慈慧初等師
부 흥 만 년 문 명 륜
復興萬年文明輪

한시감상연수를 마치고

이천 년 한문문명권이 백 년 안에 끊어진 때
한 시간 연수로 백 년 단절을 채우려 한다
우리는 사랑과 지혜로 하나 된 초등교사들
다시 만년 문명 수레바퀴를 우리가 돌린다

- 2010년 어느 날

大雲山行 대운산행[1]

작 열 태 양 홍 염 세
炸裂太陽灴[2]炎世

계 곡 류 수 청 냉 거
溪谷流水淸冷居

선 량 상 안 경 쾌 보
善良常安輕快步

녹 수 녹 음 별 천 지
綠樹綠陰別天地

대운산 등반

불타는 태양 화롯불 위에 세상

계곡에 흐르는 물 맑고 차가워

선량한 상안인의 경쾌한 발걸음

여기가 녹수녹음 별천지로구나!

---

1. 2010년 상안초 교사들이 대운산에 오르다.
2. 灴 화롯불 홍

春雨盡終日 춘우진종일

야 주 춘 우 면 면 창
夜晝春雨綿綿漲

태 강 세 기 사 양 독
太江勢氣似陽犢

공 산 무 주 소 무 홍
空山無主疎霧興

회 령 귀 가 족 상 온
回嶺歸家足尙溫

내내 봄비

밤낮 내린 봄비에 강물이 차차 불어
태화강 기세가 양기 오른 송아지 같아
아무도 없는 산에 성근 안개 피는데
재 돌아 집에 올 때 발은 외려 따스해

- 03.05

貞和先生 정화 선생

심 온 다 정 사
心溫多情士

견 상 청 운 류
肩上靑雲流

심 중 이 어 중
心重[1]異於衆

도 인 심 구 요
到仁[2]深久要

정화 선생

마음이 따뜻하고 다정한 사람이여!
어깨 위로 푸른 구름 남실거리네
마음의 무게가 보통 사람과 달라
깊고 오래 이야기해야 알아보겠네

- 03.09

1. 重 무게 중
2. 到仁: 씨에 도달하려면, 제값을 알려면, 가치를 알려면

文殊山 문수산

최 애 문 수 산
最愛文殊山

욕 등 불 공 일
欲登不空日

마 진 충 기 복
磨盡充己腹

쾌 보 방 주 말
快步訪週末

문수산

문수보살 좌정한 문수산을 정말 사랑하여
공일도 없이 날마다 오르려고 하다가
제 배 채울 욕심에 다 닳으면 어찌하랴
경쾌한 발걸음으로 주말에만 찾는다

\- 03.10

曺烔鎭先生 조형진 선생

복 중 다 재 사
腹中多才思

만 면 항 화 발
滿面恒花發

화 중 능 기 예
和衆能技藝

첨 성 심 지 견
瞻星心地堅

조형진 선생

마음에 재치 있는 생각이 많아

얼굴 가득 언제나 웃음꽃 피어

여러 기예에 능해 대중들이 모이고

마음자리 든든해 첨성대도 세우겠네

\- 03.11

一村 朴榮花先生 일촌 박영화 선생

수 재 중 구 호
手才衆口好

입 정 심 광 성
立正心廣誠

종 택 제 실 형
宗宅諸室兄

귀 성 노 모 감
歸省老母鑑

일촌 박영화 선생

손맛이 좋아서 뭇 입들이 호사하고
반듯한 자세로 속 너르고 진실해
오호라, 대갓집 맏며느리여!
퇴근하여 늙으신 어머니 돌보기 한결같구나

- 03.11

靑鶴洞卽景吟 청학동즉경음

녹 죽 백 분 고 처 애
綠竹白粉[1]高處哀

청 계 황 석 춘 수 저
淸溪黃石春水低

원 천 효 월 무 심 망
圓天曉月[2]無心望

횡 공 조 조 하 위 망
橫空朝鳥何爲忙

청학동에서

푸른 대에 흰 분가루

튼 얼굴에 거친 화장

맑은 계곡 누런 돌 틈 봄 따라 물소리

둥근 하늘 새벽달 어찌 저리 무심한가?

허공 비낀 아침 새 무얼 그리 바쁜지

– 03.15

---

1. 綠竹白粉: 울산 삼호십리대숲 대는 초록빛으로 빛나는데, 지리산 청학동 대는 흰 분가루를 쓰고 있다. 추운 날씨에 얼말려 얼굴이 트다니, 높은 곳의 애환일세.
2. 圓天曉月: 청학동은 700고지 높은 데라 산에 둘러싸인 하늘이 이마 위에 동그랗게 떠 있다. 새벽달은 하현달이다.

虎患 호환

천경하고망친묘　대모천붕호환처
泉徑下孤亡親墓　代母天崩[1]虎患處

현율시비증어액　목후환철안돈심
縣栗柴扉[2]曾禦厄　木朽換鐵安頓心

철면호구식자부　대로변묘질풍승
鐵面虎口食慈父　大路邊墓疾風勝

호랑이에게 물려간 자리

새미길 아래 아버지 무덤 있소
어머니 대신 물려간 호환 자리
밤나무 삽짝 해달아 액막이 하다
나무가 이울어, 철 대문 세웠더니
호랑이는 철갑을 두르고 나타나
기어이 아버지를 물어갔다오
자동차가 쌩쌩 달리는 남산 아래
반들반들 늘 다니던 약수터길 옆
가신 아버지 무덤 위로
언제 그치려나, 저 세찬 검은 바람

– 03.24

---

1. 天崩: 아버지 돌아가시는 일을 하늘이 무너졌다고 한다.
2. 縣栗柴扉: 옛날에 호환을 막기 위해 밤나무로 삽짝을 해달았다.

臥佛 와불

명 산 대 찰 불 상 다
名山大刹佛像多
운 주 와 불 명 위 와
雲舟臥佛名爲臥

정 녕 차 토 무 와 불
丁寧此土無臥佛
석 시 개 산 정 와 불
夕時皆山正臥佛

누운 부처

명산대찰 부처상 많기도 많구나
운주사 와불은 이름만 누운 부처
정녕 이 땅에 와불상은 없는가?
저물녘 온 데 산이 와불로 눈을 뜨네

- 04.13

松花 송화

잠 우 불 송 화
暫雨拂松花

신 엽 몽 금 분
新葉蒙金粉

습 금 작 탱 화
拾金作撐華

괘 오 암 송 곡
掛吾庵松谷

송화

후두둑 지나가는 비가
탱글탱글 송화 가루 털고 적셔서
온 산 새 잎 끝에 금가루 찍었네
저 금가루 남김없이 긁어모아
어느 골짜기
작은 암자보다 더 큰
훤칠한 탱화 하나 걸어야겠네

– 05.01

山 산

거 동 설 압 송 하
去冬雪壓松下

금 춘 수 압 화 고
今春水壓花苦

양 처 핍 박 자 심
兩處逼迫滋甚

무 심 조 석 개 합
無心朝夕開闔

산

철지난 폭설에 짓눌린 솔가지
봄비 얻어맞아 멍든 연달래꽃
위아래에서 받는 핍박 말이 아닌데
산은, 너른 산은
아침저녁 여닫을 뿐 말이 없구나

- 05.15

竹筍時節遠望入北邙山人 죽순시절원망입북망산인

죽 순 일 월 장
竹筍一月長

묘 비 일 일 성
墓碑一日成

백 년 부 평 인
百年浮萍人

십 년 잠 룡 죽
十年潛龍竹

죽순 피는 시절 멀리 북망산에 입학하는 사람을 보고

죽순 한 달 안에 우뚝 크고
묘비 하루 만에 달랑 섰네
백년 부평초 인생 돌비석으로 굳고
십년 웅크린 용 대나무로 승천하네

\- 06.14

大乘歎老歌 대승탄로가

가 련 탄 로 가 창 자
可憐歎老歌唱者

금 조 대 경 자 탄 식
今朝對鏡自歎息

귀 로 산 상 망 죽 림
歸路山上望竹林

죽 상 점 점 백 로 게
竹上點點白鷺憩

탄로가 휙 타고 넘기

푸른 머리로 어찌 탄로가를 이해하랴
오늘 아침 거울 보니 탄로가 절로 나네
퇴근길에 산 위에서 대숲을 바라보니
대숲 위에 희끗희끗 백로가 쉬는구나

- 06.29

노양주 선생님

초 면 악 수 온 지 금
初面握手溫至今

십 추 여 작 우 휴 수
十秋如昨又携手

안 광 환 소 풍 채 청
眼光晥笑風采淸

장 락 행 선 초 목 무
長樂行禪草木撫

백 학 잠 유 초 록 성
白鶴暫遊草綠星

노양주 선생님

처음 만나 잡은 손에 온기 여태 남았는데
십년이 어제인 듯 또 손을 끌어주시네
반짝반짝 빛나는 눈 환한 미소 맑은 풍채
걸으며 푸나무 어루만지길 여전히 좋아하셔
백학 타고 잠시 초록별에 소풍 나오셨죠?

– 07.04

功德碑 공덕비

－效權韠忠州錫 효권필충주석

수 위 완 물 행 무 구
誰謂頑物幸無口

석 지 주 연 증 미 참
石之酒宴曾未參

물 평 풍 자 불 차 인
物評諷刺不差人

중 석 중 선 호 태 비
衆石重羨好泰碑

차 비 실 덕 비 정 복
此碑實德非征服

기 곡 풍 민 은 국 부
冀穀豊民殷國富

공 분 타 매 승 미 담
公憤唾罵勝美談

유 리 광 택 충 주 석
琉璃光澤忠州石

세 가 채 굴 금 무 근
勢家採掘今無根

무 수 오 리 송 덕 비
無數汚吏頌德碑

하 석 곡 석 개 파 삭
河石谷石皆破削

작 야 풍 문 과 이 배
昨夜風聞過耳背

문 방 사 우 납 자 왈
文房四友納者曰

학 덕 인 품 시 격 고
學德人品詩格高

일 도 거 뢰 고 결 장
一刀拒賂高潔長

나 하 무 비 차 렴 장
那何無碑此廉長

약 절 뇌 물 송 덕 사
若絶賂物頌德事

금 수 강 산 무 여 석
錦繡江山無餘石

주 흥 냉 회 성 기 실
酒興冷灰星氣失

석 지 고 심 야 심 심
石之苦心夜深深

공덕비

–권필 선생의 시 '충주석'을 본받아

누가 말했던가? 무딘 것 입이 없어 다행이라고
일찍이 돌들 술잔치에 참석한 적이 없구나
인물평 풍자소리 사람과 다르지 않아
뭇 돌들 두고두고 부러워하는 광개토대왕비
이 비 실제 공덕은 무자비한 정복이 아니라
오곡 풍성 백성 풍족 나라 가멸하길 바란 것
침 뱉고 욕하며 분통 터트리는 일이 더 많아
유리처럼 빛나는 충주석들을
권력자가 다 파내어 지금은 뿌리조차 없다고
수 없이 많은 탐관오리들 송덕비 세운다고
강마다 골짜기마다 돌들이 다 깨져 깎였지
어젯밤 귓등으로 지나가는 풍문에
문방사우 납품하는 업자가 말하기를
학덕 두텁고 인품 빛나고 시격도 높은
단칼에 뇌물 거절하는 깨끗한 훈장님이 계시니
공덕비는 이런 청렴한 훈장님을 위해 세우는 것
뇌물 거절하는 일이 송덕비 세울 일이라면
금수강산에 돌들이 남아나지 않으리
주홍이 찬 재처럼 식고 별빛이 기운을 잃어
돌들의 고뇌가 밤 따라 더욱 깊어지더라

– 07.07

初登雪嶽山 초등설악산

설 악 우 태 산
雪嶽尤泰山

조 흉 미 능 포
鳥胸未能抱

일 식 일 족 파
一息一足播

맹 아 고 원 지
萌芽高遠志

처음 설악산을 타고서[1]

아 아 설악산 크기도 크구나
새 가슴으로는 안기도 버거워
당찬 발걸음
거친 숨소리
고르고 골라 한 톨 한 톨 씨 뿌려
그윽이 싹터오네 높고 먼 우리 꿈

– 08.17

1. 8월 10일에서 12일까지 무박삼일로 설악산 서부능선을 탔다. 4만 보 이상, 12시간 넘게 걸었다. 운전을 한 선배 두 분은 눈 한 번 붙이지 못했다. 설악산 과연 커서 말문이 막혔다가 오늘에야 말문 트여 이 시를 읊다.

3부

노래하리라

산길을 걸으며 시를 쓰고,
쓴 시를 흥얼거리기도 하다가
흥이 넘치면 목청껏 부른다.
스마트폰으로 녹음하여, 작곡을 전공한
장재범 선생께 보였더니 당장 채보하였다.
소리를 눈으로 보니 신기하구나.
가요에 빠진 요즘 아이들에게
갓 구워낸 고소한 동요를
하얀 모시 수건에 싸서 풀어헤치면
호기심으로 바짝 다가오지 않을까.

아주까리 옹달샘

1.
2.
비 갠 이른아침은 세 상이 하하 하
산 뜻하 게 머리감 – 고 인사하는아 주까 리
반 짝반 짝 해님보 – 고 두팔벌린아 주까 리
일 곱 손 가락손 바닥안 에 동 동 동 동 옹 달 샘
누 굴 기 다리 나 하 늘만찰방찰 방
고 추 잠 자리 사 뿐 앉 아 얼 굴 을 비 추 네
얼 굴 을 비 추 네

강아지풀꽃

길 - 가 에 - 살 랑 살 - 랑 강 아 지 - 풀 - 식 - 구 - 들
길 - 가 에 - 우 쭐 우 - 쭐 강 아 지 - 풀 - 식 - 구 - 들
포 슬 - 한 꼬 - 리 - 가 복 스 런 얼 - 굴 일 세 -
기 린 - 목 닮 - 아 - 서 한 - 껏 빼 - 어 났 네 -
함 께 모 - 여 살 - 아 도 눈 - 길 - 은 서 로 달 - 라
익 어 가 - 는 - 가 - 을 - 에 바 람 타 고 - 일 렁 일 - 렁

참깨

굵 고 흰 참깨 꽃 넘 치-는밭에서 너 는 왔 단 다

갖 가지나물들이 어우러진비빔밥에 톡! 참 기 름 한 방 울 - 꿈 쩍

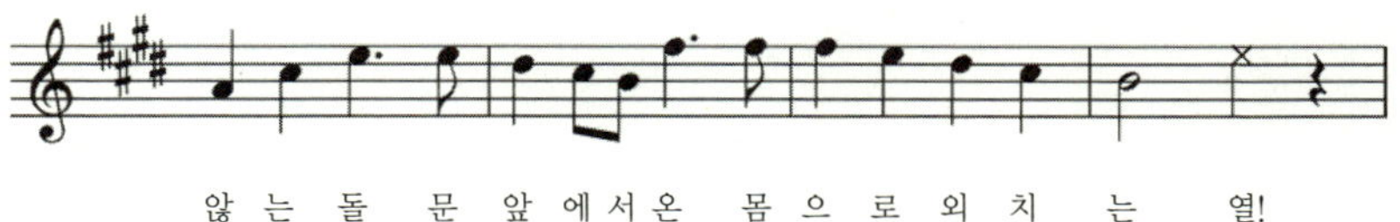

않 는 돌 문 앞 에 서 온 몸 으 로 외 치 는 열!

려! 라! 참! 깨! 환 한

웃 음 꽃 펼 쳐 지 는 저 넓 은 초 록 세 상 - 통통 하고

탱탱 한 참 깨-가 되어 라 통통 하고 탱탱 한 참 깨-가 되어 라 참깨!

억새꽃

3
4
3
3
큰 키 흔들 꽃 흰 – 억 새여 –찬 새 벽 우 물 에 몸 을
씻 고 – 아 침 해 –바라보고 – 고 개 숙 이 네
– 불 어 오 는 갖 –가 – 지 서 러 운 하소연을 – 오 늘
도 저버리지못해 작 두 를탄다 –둥 둥 둥 둥 –둥 둥 둥 둥
– 바 람 물 결에 춤 추 는 백 – 수 광 부 –여
– 바 람 물결에 춤 추 는 백–수 광 부 –여 –

맨발로

해 – 뜰 때 빛 – 비 늘
발 바 닥 에 붙 은 불 이
돌 – 부 리 착 착 깎 아
타 는 가 슴 적 – 셔 서
돌 길 산 길 맨 – 발 로
온 세 상 을 품 에 안 고
사 뿐 사 뿐 헤 쳐 간 다
훨 훨 훨 훨 춤 을 춘 다

고마리풀꽃

초 록 도 우지짖 다 – 목청 – 꺾 –이 고 – 얼마안에 – 삽도씻어
– 걸 어 야 – 하 리 – 뼈마 – 디 쑤 – 시 고 눈물훔친
자리마다 어 젯 – 밤 별 – 들 이 찾 – 아 왔 어 요
도 랑 가 에 논귀 에 – 온 – 강 – 가 에 – 분 홍 물 덮 어 쓴 흰 별 사
탕 – 을 – 아 – 아 아 – 아 아 아 아 아 – 한 섬 두 섬 석 섬
넉 섬 흩 뿌 렸 어 요 – 한 섬 두 섬 석 섬 넉 섬 흩 뿌 렸 어 요 –

후기

자동차로 한 시간씩 출퇴근할 때는 잘 나오지 않던 시들이, 남산을 타고 태화강을 끼고 삼호 대숲을 뚫고 걸어서 출퇴근하니, 벚꽃잎처럼 쏟아진다. 원만구족한 동료들 덕분에 더 그렇다. 자연과 인간이 시의 원천임을 새삼 깨닫는다.

조동일 선생님께 '율격'을 배우고 시가 쉽게 나온다. 임창순 선생께 '당시'를 배우고 '글자 놓기' 수준이지만 '한문시'를 쓰며 시의 품격을 돌보게 되었다. 최명환 선생님께 '졸시'를 올려 발표하는 기쁨을 누리며 뼈를 깎는 법을 배우고 있다.

'한글시'와 '한문시'를 함께 엮은 독특한 시도를 했다. 정통 '한시'는 평측과 운을 써서 아무나 짓기 어렵다. '한문시'는 한문을 조금 알면 5언 7언 글자 수를 맞추어 누구나 쓸 수 있다. 컴퓨터를 활용하면 기억하는 부담을 줄여 오롯이 시 쓰는 데 힘을 쏟아 창작하는 기쁨을 마음껏 누릴 수 있다. '한문시' 쓰기가 바로 탁월한 한문 공부법이다.

만약 정통 '한시'로 써야 한다면 까다로운 형식이 시상과 표현을 눌러 거의 시를 쓰지 못했을 것이다. '한시'가 내세우는 표현의 격식

은 모방의 대상일 뿐이다. 사고를 혁신하는 새로운 논리로 무거운 인습을 벗어버리고 과감하게 시도했다. 여기 있는 47편의 '한문시'는 정통 '한시' 작법을 모르는 무식이 건져 올린 발랄한 창조의 결실이다.

나는 '한글시'와 '한문시'를 같이 쓰는 아마추어 시인이 되었다. 한문 교육을 체계적으로 받은 다음 시대 동아시아 젊은이들은 이 시집에 있는 '한문시'를 어렵지 않게 감상할 수 있으리라. 또 각자가 '한문시'를 써서 정감을 나누면 동아시아가 하나라는 것을 알 수 있을 것이다. 앞으로 동아시아한문문명권 안에 시인들은 '자국어시'와 '한문시'를 함께 쓰며 중세시대 지식인들이 누렸던 한문 필담, 한시 화창을 재현하지 않겠는가.

시인은 차고 넘치는데 독자는 외면한다. 쉬운 시, 정겨운 시, 자연을 노래한 시, 공부를 하는 시, 전통을 잇는 시, 형식의 친화력이 높은 시라면 기분 좋게 다가와 즐겨 읊고 외고 쓰리라. 나처럼 잘 웃고, 잘 걷고, 어깨 넓은 동지들과 담쟁이 모양으로 손잡고 달팽이처럼 나아가면 도저히 오르지 못할 벽이 어디 있으랴. 벽이 담쟁이고 담쟁이가 벽인 세상이 펼쳐지리라.

백태명
네이버 블로그 / 백용회 글마당